Michael Schlender

Fantastische Schreibanlässe

50 kombinierbare Bildmotive für Grundschulkinder

⚿ Auer Verlag GmbH

Gedruckt auf umweltbewusst gefertigtem, chlorfrei gebleichtem
und alterungsbeständigem Papier.

1. Auflage. 2002
Nach der Neuregelung der deutschen Rechtschreibung
© by Auer Verlag GmbH, Donauwörth
Alle Rechte vorbehalten
Satz: Fotosatz Buck, Kumhausen
Druck und Bindung: Ludwig Auer GmbH, Donauwörth
ISBN 3-403-03732-0

Inhaltsverzeichnis

Dieses Schreib- und Gestaltungsprojekt wendet sich an alle Kinder, um ihnen Möglichkeiten zu bieten, ihre Fantasien zu entwickeln und sprachlich auszuleben.

In den fantastischen Geschichten kann jedes Kind zum Helden, Abenteurer, Sieger, Ritter, Forscher oder Astronauten werden, so wie es gerade seinen inneren Bedürfnissen oder Träumen entspricht. Neben der gestalterischen Ergänzung, sei es im Textbereich oder im oberen Teil der Bilder, liegt ein besonderer Schwerpunkt im Austausch der Ergebnisse, der Würdigung sowie der Präsentation. Diesbezüglich gibt dieses Buch hilfreiche Anregungen, lässt aber weitere Umsetzungen, auch im Hinblick auf den mündlichen Sprachgebrauch, offen.

Öffnen Sie die anderen Welten unserer Kinder.

Michael Schlender

Dieses Buch ist meinen Kindern gewidmet
Falk Oliver, Daniel, Marc und Kira Sara Fee

Die Orte und Gegenstände

Die 50 geheimnisvollen Gegenstände und Orte bilden die Grundlage für eine unerschöpfliche Kombinationsvielfalt untereinander. Jedes Motiv ist mit jedem anderen frei zu verbinden, auch optisch, da die Bodenlinien aller Zeichnungen die gleiche Höhe besitzen. Nebeneinander gelegt entsteht somit eine fortlaufende Kulisse aus einem Strich, denn jedes einzelne Bild ist ebenfalls in einem einzigen Zug gezeichnet. Dies soll den roten Faden versinnbildlichen, der vom Anfang des ersten Bildes bis zum Ende des letzten ununterbrochen läuft und die Geschichten begleitet.

Die einzelnen Orte und Gegenstände sind so gewählt, dass ihnen leicht eine besondere Bedeutung, ein Geheimnis oder eine magische Kraft zugeordnet werden kann. Viele dieser Motive kommen in Märchen, Legenden oder Abenteuergeschichten vor, in denen sie in der Regel einen Einfluss auf die Geschehnisse ausüben. Durch die reduzierte Darstellung der Gegenstände und Orte bleibt den Kindern entsprechend viel Freiraum für ihre eigenen Vorstellungen, Interpretationen und Ausgestaltungen.

1.

Das Doppeltor
Warum hat es zwei Durchgänge? Was bedeuten die beiden Symbole?
Wohin führen der linke und der rechte Weg? In die Zukunft, in die Vergangenheit? Zu Reichtum, Abenteuer, Ruhm? …

2.

Das Schwert
Für wen ist das Schwert?
Woher kommt es?
Welche Kraft wohnt in ihm, sind es gute oder böse Kräfte?
Warum steckt es hier? Wer hat es hier hinterlassen? …

3.

Das Buch
Ist es ein Zauberbuch oder ein wissenschaftliches Buch über Sterne, Planeten oder Monde?
Wer darf das Buch lesen?
Warum wurde es versteckt?
Wer hat es geschrieben? In welcher Sprache ist es? …

4.

Pfeil, Bogen, Köcher
Für wen sind diese Dinge?
Wie genau schießt dieser Bogen?
Wie weit fliegen die Pfeile?
Wie viele Pfeile enthält der Köcher?
Wer oder welches Volk benutzt diese Dinge? …

5.

Das Fernrohr
Wer hat es hierher gestellt?
Worauf ist dieses Fernrohr gerichtet? In die Zukunft, in die Vergangenheit, in die Gegenwart oder auf Geheimnisse?
Was sieht der Betrachter?
Wie weit kann man damit schauen? …

6.

Der Vogel
Was ist das für ein Vogel? Wo kommt er her?
Kann er sprechen? Welche Fähigkeiten hat er noch?
Ist er lieb oder gefährlich?
Bewacht er etwas? Was weiß er?
Gibt es noch mehrere? …

7.

Der Apfel
Wie sieht er genau aus? Hat er rote Backen?
Sollte man ihn aufnehmen?
Darf man ihn essen? Wie wird er wohl schmecken?
Was passiert, wenn man hineinbeißt?
Wer hat ihn gerade hier hingelegt? …

8.

Das Pflanzentor
Wo steht dieses Tor?
Welche Pflanzen sind dies?
Darf man es berühren?
Wohin führt dieses Tor? Wer begegnet einem dahinter?
Kann man wieder zurückkehren? Muss man allein
gehen? …

9.

Die Feuerstelle
Wer hat dieses Feuer entfacht?
Warum brennt es? Wem dient dieses Feuer?
Wie lange wird es brennen?
Ist es ein Signal? Soll es etwas erleuchten? Soll es Wärme
spenden? …

10.

Der Kerzenleuchter
Wer hat die Kerze angezündet? Wie lange wird sie wohl
brennen?
Wofür kann man sie gebrauchen?
Wie hell ist das Licht? Welche Farbe hat das Licht?
Kann sie erlischen? …

11.

Die Glocke
Wo steht diese Glocke?
Wann läutet sie? Wer darf sie läuten?
Wie weit trägt ihr Klang? Wie laut ist sie?
Welche Botschaft verkündet sie?
Wer kann oder soll sie hören? …

12.

Die Flaschenpost
Woher kommt sie? Wer hat sie gefunden?
Welche Botschaft enthält sie?
Wann wurde sie ins Wasser geworfen?
In welcher Schrift wurde sie verfasst?
Aus welcher Zeit stammt sie? …

13.

Der Brief
Wo liegt dieser Brief?
Wie kommt er hierhin?
Wer hat ihn gesendet? Wann wurde er geschrieben?
In welcher Sprache ist der Text verfasst?
Was enthält der Brief überhaupt? Ist es ein Plan? …

14.

Der Sessel
Wem gehört der Sessel? Wie ist er bezogen?
Welche Bedeutung hat er?
Was geschieht, wenn man sich hineinsetzt?
Welche Träume oder Ideen bekommt der Sitzende?
Wer darf auf ihm sitzen? ...

15.

Die Feuersäule
Wo steht diese Säule?
Welche Bedeutung hat das Feuer?
Wann wird das Feuer entfacht?
Wie lange brennt es? Was geschieht in dieser Zeit?
Wie hell ist dieses Feuer? Soll es ein Signal senden? ...

16.

Das Glas
Was enthält es? Wozu dient der Inhalt?
Wann darf oder sollte man es austrinken?
Welche Fähigkeiten kann man erlangen?
Wie viel darf man trinken?
Für wen ist es bestimmt? ...

17.

Der Drache
Ist er gefährlich? Kann er Feuer speien?
Ist er freundlich? Kann er helfen?
Bewacht er etwas? Wen beschützt er? Welches Geheimnis hütet er?
Welche Kräfte besitzt er? Kann er sprechen? ...

18.

Der trockene Baum
Warum trägt er keine Blätter? Was kann passiert sein?
Welche Jahreszeit ist es?
Welche Früchte kann er tragen? Haben diese besondere Kräfte? Sind sie von einem Zauber belegt?
Wird er wieder fruchtbar sein? ...

19.

Das Tor
Wo steht es? Wer hat es erbaut?
Wohin führt es? Was darf man mitnehmen?
Muss man ein Zauberwort wissen?
Kann man wiederkehren?
Wer darf hindurch? Muss man allein gehen? ...

20.

Die Eule
Wer hat sie gesandt?
Was weiß sie? Wird sie die Wahrheit sagen?
Kann sie sprechen? Möchte sie helfen?
Wem dient sie? Kann sie besondere Kräfte verleihen?
Bietet sie ein Geschenk an? ...

21.

Die Kanne
Was enthält sie?
Darf man es trinken? Was passiert nach dem Trinken?
Wohnt ein Geist in ihr?
Kann man die Kanne mitnehmen? Wird sie noch hilfreich sein? ...

22.

Die geheimnisvollen Wesen
Wie kommt man an ihnen vorbei?
Was erzählen sie? Darf man ihnen glauben?
Warum sind sie festgewachsen? Können sie sich lösen?
Sind sie freundlich oder feindlich?
Können sie jemanden begleiten? ...

23.

Der Brunnen
Wo steht er?
Enthält er Wasser? Kann man das Wasser trinken? Passiert nach dem Trinken etwas?
Welches Geheimnis ruht in ihm?
Wohnt jemand hier? Gibt es in der Tiefe Gänge? ...

24.

Die Flöte
Wie lange liegt sie hier schon?
Kann man auf der Flöte spielen?
Welche Melodie erklingt? Was bewirkt die Melodie?
Wer darf die Flöte benutzen?
Kann man die Flöte mitnehmen? Wird sie nützlich sein? ...

25.

Der Vogel mit dem Ei
Was ist das für ein Vogel? Wie groß ist er?
Ist er gefährlich?
Ist es sein Ei? Will er es vielleicht rauben?
Was wird aus dem Ei schlüpfen? Wann wird etwas schlüpfen? Kann es nützlich sein? ...

26.

Die Uhr
Welche Bedeutung hat die Uhrzeit? Welche Bedeutung hat die Zeit überhaupt? Kann die Zeit angehalten werden?
Kann sie rückwärts laufen oder schneller vorwärts?
Was befindet sich neben der Uhr? Wem soll die Stunde schlagen? ...

27.

Die Krone
Wem gehört diese Krone? Für wen ist sie bestimmt?
Darf man sie aufsetzen? Was geschieht, wenn man sie aufsetzt?
Woraus besteht sie?
Welche Kraft verleiht sie? Sind es gute oder böse Kräfte? ...

28.

Der Schlüssel
Wo liegt dieser Schlüssel? Wer hat ihn verloren oder versteckt?
Woraus besteht er?
Wo befindet sich das passende Schloss? Kann er eine Schatztruhe oder eine geheime Tür öffnen? ...

29.

Die Schere
Wie groß ist sie?
Woraus besteht sie?
Wie scharf ist sie? Was kann sie durchtrennen? Kann sie ein Tier scheren, Haare schneiden, jemanden abschrecken oder vor Gefahren schützen? ...

30. **Der Kamm**

Wem gehört dieser Kamm? Hat ihn jemand verloren oder hier versteckt?
Woraus besteht er? Wer darf ihn benutzen?
Was geschieht beim Kämmen?
Haftet ihm ein Geheimnis an? ...

31. **Die Waage**

Wo steht diese Waage?
Wie groß ist sie? Passt sie in die Hosentasche?
Welche Vergangenheit hat sie und wer hat sie benutzt?
Was wurde oder wird darauf gewogen?
Worüber entscheidet sie? Wägt sie Gutes oder Böses? ...

32. **Das sinkende Schiff**

Warum sinkt das Schiff?
Wer ist der Kapitän? Welche Ladung ist an Bord?
Welches Ziel hatte das Schiff? Woher kam es?
Ist es ein Piratenschiff?
Wer kann sich retten? Was geschieht mit ihnen? ...

33. **Der Anker**

Wie kommt er hierher?
Von welchem Schiff stammt er?
Was ist mit dem Schiff geschehen? Wer war an Bord?
Wozu kann man den Anker gebrauchen? Wird er einem neuen Schiff dienen? ...

34. **Die Burg**

Wo steht diese Burg? Wie alt ist sie?
Wer bewohnt sie? Ist sie überhaupt bewohnt?
Für wen wurde sie erbaut?
Kann sie Schutz bieten? Gegen wen?
Kann sie erobert oder zerstört werden? ...

35. **Die Mauer**

Wo steht diese Mauer? Wie alt ist sie?
Weshalb ist sie errichtet worden? Woraus ist sie errichtet worden?
Muss sie verteidigt werden? Kann sie bezwungen werden?
Bewahrt sie ein Geheimnis? Findet man Inschriften? ...

36. **Die Leiter**

Wo steht diese Leiter?
Wer hat sie hingestellt oder zurückgelassen?
Wie lang ist sie? Ist sie ausfahrbar?
Wofür kann man sie gebrauchen? Was kann sie überwinden? Wer kann oder darf sie benutzen? ...

37. **Der Spiegel**

Wo ist dieser Spiegel? Wem gehört er?
Wer hat ihn angefertigt? Woraus ist er hergestellt?
Was zeigt er: die Vergangenheit, die Gegenwart oder die Zukunft?
Zeigt er die Wahrheit oder lügt er? ...

38.

Das Ei

Wer hat dieses Ei gelegt?

Wo liegt es?

Was enthält es? Wann wird etwas schlüpfen? Wird es freundlich oder aggressiv sein?

Darf man es mitnehmen oder soll man es liegen lassen? ...

39.

Der Wächter

Was bewacht er? Wo steht er? Wem dient er?

Gibt es noch mehr?

Welche Fähigkeiten besitzt er?

Gibt er Auskunft? Sagt er die Wahrheit oder lügt er?

Kann er mitkommen? ...

40.

Der Besen

Wem gehört er? Ist er verloren gegangen, abgelegt oder vergessen worden?

Woraus ist er hergestellt?

Welche Fähigkeiten besitzt er?

Lässt er sich von jedem benutzen? Ist er gefährlich? ...

41.

Das Schloss

Warum liegt es so hoch?

Wer regiert hier? Kann man hier wohnen?

Wie kommt man den Berg hinauf? Wie weit kann man von oben schauen? Wie groß ist das Reich?

Ist man hier sicher? ...

42.

Das Wesen

Wie groß ist es?

Besteht es aus Wasser, Nebel oder ist es lebendig?

Warum ist es nicht ganz sichtbar?

Wohin zeigt es? Was will es mitteilen? Wird es helfen können oder wollen? ...

43.

Der Schild mit Lanze

Wem gehören diese Dinge? Darf man sie benutzen?

Welche Bedeutung hat das Wappen?

Hat die Lanze besondere Kräfte?

Wird man den Schild noch gebrauchen können? ...

44.

Der Siegelring

Wem gehört er? Warum liegt er hier?

Welches Siegel zeigt er? Welche Bedeutung hat das Siegel?

Was kann mit dem Ring besiegelt werden? Welche Fähigkeiten hat der Ring noch? Was bedeutet dies für den Träger? ...

45.

Das Kleid

Für wen wurde es geschneidert? Aus welchem Stoff ist es genäht? Welche Bedeutung haben die Farben?

Hat es schon jemand getragen? Welches Ansehen hat die Trägerin des Gewandes?

Überträgt es Macht oder Fähigkeiten? ...

46.

Die Stiefel

Wer hat sie hier hingestellt? Für wen sind sie gedacht? Wie groß sind sie? Welche Farbe haben sie? Was steckt in ihnen? Wann kann man sie gebrauchen? Wann darf man sie benutzen? Wie schnell kann man in ihnen vorwärts kommen? …

47.

Der Hut

Wem gehört der Hut? Ist er verloren worden? Welche Bedeutung hat die Feder? Von welchem Vogel ist sie? Was passiert, wenn der Hut aufgesetzt wird? Erlangt der Träger besondere Fähigkeiten oder besonderes Wissen? …

48.

Der Topf

Wo steht dieser Topf? Wer hat das Feuer entfacht? Was kocht in ihm? Ist es ein Zaubertrank? Sollte man davon probieren? Was geschieht dann? Ist es gutes Essen für Hungrige? …

49.

Die Brille

Wem gehört diese Brille? Warum liegt sie hier? Was geschieht, wenn sie aufgesetzt wird? Was sieht man durch sie? Wie weit kann man mit ihr sehen? Kann sie Gutes oder Böses erkennen? Kann man Verstecktes mit ihr erblicken? …

50.

Schreibpapier, Feder, Tintenfass

Wo liegen diese Dinge? Wer hat sie hier hinterlassen? Ist es eine besondere Schreibfeder? Welche Fähigkeiten hat sie? Kann sie von alleine schreiben? Ist es eine besondere Tinte? Wem soll eine Mitteilung gemacht werden? …

Das Zwischenblatt ist für eigene Ideen und Zeichnungen oder wenn die Lineatur auf dem vorigen Blatt nicht ausreicht.

Das Vorgehen

Die Auswahl der Gegenstände und Orte

Unter Berücksichtigung der Klassenstufe, Vorlieben der Kinder und deren Vorerfahrungen im freien Schreiben oder des Unterrichtsthemas trifft zunächst die Lehrerin oder der Lehrer die Entscheidung über die Motive und deren Anzahl. Nach Durchführung zahlreicher Projekte in Klasse 3 und 4 erwies sich eine Auswahl von drei bis fünf Bildern als sinnvoll. Mehr sollten es nicht sein, da die Kinder leicht den Überblick verlieren und ein nachvollziehbarer Handlungsablauf für die späteren Leser erschwert wird.

Ideal erwies sich das Kopieren der ausgewählten Motive auf Overhead-Folien für den Einstieg.

Als Alternative hierzu ist denkbar, dass sich in einem folgenden Schreibprojekt die Kinder aus einer erweiterten (oder der kompletten) Auswahl (vgl. S. 15 ff.) vier bis fünf Bilder selbst auswählen.

Die Erkundung der Motive

Damit beginnt das Projekt und die Reise in die Welt der Fantasie.

Als besonders stimmungsvoll empfinden es die Kinder, wenn der Klassenraum abgedunkelt wird, leise eine ruhige oder meditative Musik erklingt und ein Kind die erste Folie auf den Overheadprojektor legen darf.

Nach dem Erkennen des Gegenstandes oder Ortes werden die entsprechenden Fragen dazu erarbeitet. Das folgende Beispiel gibt eine Auswahl an möglichen Fragen:

Beispiel Doppeltor

Wo steht dieses Tor?
Woraus besteht es?
Wie groß ist es?
Warum hat es zwei Durchgänge?
Wie unterscheiden sich diese?
Was bedeuten die beiden Zeichen über den Durchgängen?

Wohin führen der linke und der rechte Durchgang?
Kann man durch einen in die Vergangenheit gelangen?
Führt der andere in die Zukunft?
Beschert einer Ruhm und Reichtum?
Welche Fähigkeiten kann man erlangen?

Wird sich etwas verändern?
Wird man sich selbst verändern?
Muss man allein gehen?
Wird es einen Rückweg geben?

Wann wird man wieder zurückkehren?
An welchen Ort wird man zurückkehren können?
Wird man etwas mitbringen können?

Die Entscheidung

Nach der Erkundung werden alle besprochenen Motive aufgelistet (vgl. S. 15 ff.), sodass die Kinder sich in Ruhe für ihre Auswahl entscheiden und eine Auswahl treffen können. Dies können alle Bilder sein, mindestens jedoch zwei. Die Lehrerin bzw. der Lehrer zählt nun ab und weiß die Anzahl der jeweiligen Kopien. Zusätzlich fertigt er noch eine ausreichende Zahl von Zwischenblättern (vgl. S. 70) an, die sehr nützlich sein können, wenn der Platz auf einer Motivseite für den Text nicht ausreicht.

Das persönliche Konzept

Nachdem jedes Kind seine gewünschten Blätter vor sich ausgebreitet hat, beginnt die individuelle Planung der Geschichten. Dabei werden, wie das jeweilige Konzept des Handlungsablaufes es erfordert, die einzelnen Blätter in die entsprechende Reihenfolge gebracht, denn jedes Kind hat seine eigenen Vorstellungen. Dies bedeutet schon an dieser Stelle eine grundlegende Differenzierung der einzelnen Vorüberlegungen und nachfolgenden Texte.

Für diese Phase wird den Kindern eine angemessene Zeit zur Verfügung gestellt. Sollten sich Kinder sehr unschlüssig zeigen, mag es sinnvoll sein, dass diese zunächst mit der Gestaltung der Motivblätter beginnen. Auch bei derartigen Planungen und Vorüberlegungen kann eine begleitende Musik die Ideen der Kinder beflügeln und die Atmosphäre positiv beeinflussen.

Das Abenteuer beginnt

Nach Abschluss der Vorüberlegungen fangen die Kinder an ihre Geschichten in ein „Vorschreibheft" zu schreiben. Diese Kernphase des Schreibprojektes ist zeitlich nicht genau zu definieren. Hier wird die Lehrerin bzw. der Lehrer ein Gespür dafür entwickelt haben, wie lange die Kinder pro Tag schreiben können und möchten. Je nach Altersstufe wird das gesamte Projekt dann einige Tage oder sogar eine ganze Woche dauern. Während der Vorschreibphase sollten die Kinder stets die Möglichkeit haben, auch schon die Originalblätter zu gestalten, um auch wieder Abstand zum Schreiben zu erlangen und neue Ideen zu entwickeln oder vorherige zu überdenken. Ob in dieser Phase verhaltene und leise Musik einen akustischen Hintergrund bildet, kann mit der Klasse abgesprochen werden.

Das Korrekturlesen

Die Lehrerin oder der Lehrer sollte alle Arbeiten der Kinder Korrektur lesen, da die Texte später vielfach präsentiert werden sollten. Möglicherweise kann schon im Unterricht während des Schreibprojekts damit begonnen werden.

Die Reinschrift

Nun beginnt der für die Präsentation wichtige Teil des Projekts, das Übertragen der durchgesehenen Vorschrift auf die Motivblätter. Dazu sollten die Kinder wissen, dass ihnen bei der Gestaltung der einzelnen Blätter alle Möglichkeiten offen stehen. Dies kann die Darstellung der handelnden Personen, Helden oder Tiere, entsprechender Hintergründe, zusätzlicher Gegenstände, Orte oder Landschaften sein. Weiterhin bietet der Rahmen des Textes die Vorgabe einer farblichen Aufmachung. Nicht zuletzt ist es der Text selbst, der zahllose Möglichkeiten der individuellen Ausgestaltung bietet. So können bestimmte Namen, Begriffe oder Wörter farblich abgesetzt oder markiert, andere wiederum durch die Schrift oder die Größe der Buchstaben optisch hervorgehoben werden. Aber auch hier werden die Kinder gern kleine Zeichnungen oder Darstellungen mit einbringen.

Wenn die vorgegebenen Zeilen eines Motivblattes für den erforderlichen Text nicht ausreichen – dies war in allen Projekten immer wieder der Fall – so liegen die Zwischenblätter bereit, die die Kinder sich jederzeit selbst abholen können. Diese bieten besonders viel Raum für eigene Vorstellungen und Fantasien...

Die Präsentation

Nachdem die Geschichten auf die Motivblätter geschrieben und auch die Gestaltungen beendet wurde, kleben die Kinder die Seiten in der entsprechenden Reihenfolge aneinander. Der schmale Streifen am rechten Rand ist dafür ausgewiesen. Weil der Klebestreifen des zuletzt angeklebten Blattes keine Bedeutung mehr hat, wird dieser abgeschnitten. Jetzt liegt das Arbeitsergebnis vor.

Da die Geschichten von anderen gelesen und gewürdigt werden sollen, kommen verschiedene Möglichkeiten der Präsentation in Betracht:

Zunächst bieten sich die Wände des Klassenraumes an. Auch innerhalb des Schulgebäudes kommen Flure oder Stellwände, die Aula oder die Schülerbücherei infrage. Besonders reizvoll sind auch Fenster im Erdgeschoss, an die man, die Schrift nach außen, die Geschichten als Pausenlektüre heften kann. Darüber hinaus bieten aber auch öffentliche Einrichtungen wie Büchereien, Bürgerzentren, Banken, Stadtverwaltung, Gemeindehäuser ... Foren für eine Leserschaft.

Die abschließende Form der Würdigung erkennt die Leistung eines jeden Kindes besonders an, wenn das Werk als Schriftrolle jedem persönlich überreicht wird. Dazu wird ein Stück Geschenkband mit Siegellack auf der Rückseite des ersten Blattes fixiert, um die Schriftrolle gebunden und mit einer Schleife versehen.

Als Siegelstempel bietet sich Folgendes an: Auf runde Holzrohlinge, die man im Stempelladen erstehen kann, klebt man handelsübliche Metallknöpfe oder interessante Münzen.

14

1. Das Doppeltor

2. Das Schwert

3. Das Buch

4. Pfeil, Bogen, Köcher

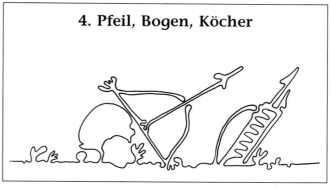

5. Das Fernrohr

6. Der Vogel

7. Der Apfel

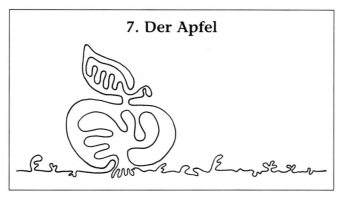

8. Das Pflanzentor

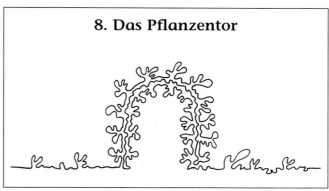

9. Die Feuerstelle

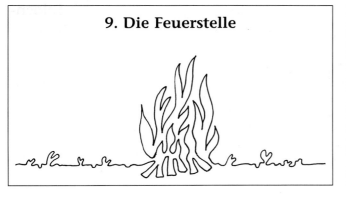

10. Der Kerzenleuchter

11. Die Glocke

12. Die Flaschenpost

13. Der Brief

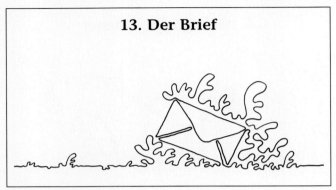

14. Der Sessel

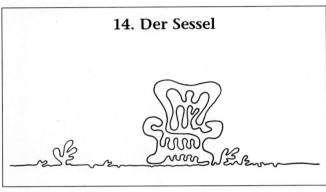

15. Die Feuersäule

16. Das Glas

17. Der Drache

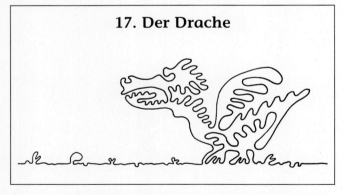

18. Der trockene Baum

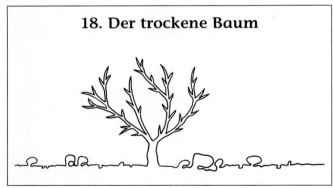

19. Das Tor

20. Die Eule

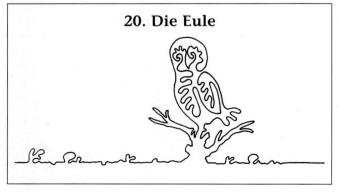

21. Die Kanne

22. Die geheimnisvollen Wesen

23. Der Brunnen

24. Die Flöte

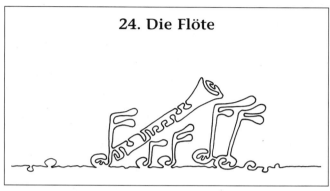

25. Der Vogel mit dem Ei

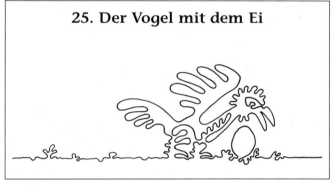

26. Die Uhr

27. Die Krone

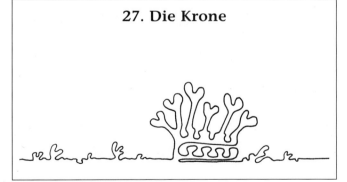

28. Der Schlüssel

29. Die Schere

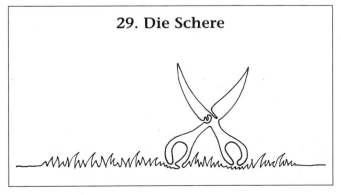

30. Der Kamm

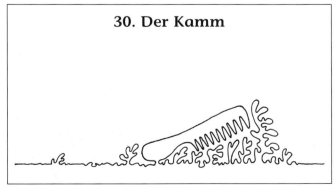

31. Die Waage

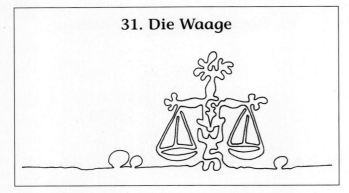

32. Das sinkende Schiff

33. Der Anker

34. Die Burg

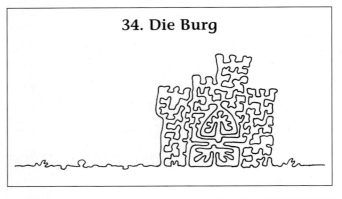

35. Die Mauer

36. Die Leiter

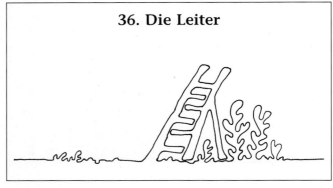

37. Der Spiegel

38. Das Ei

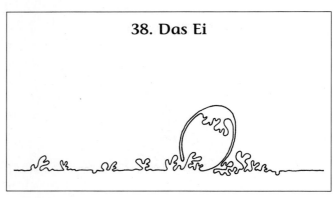

39. Der Wächter

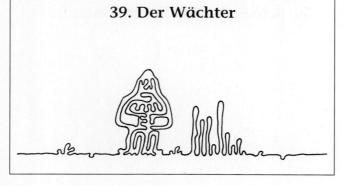

40. Der Besen

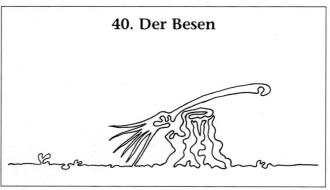

41. Das Schloss

42. Das Wesen

43. Der Schild mit Lanze

44. Der Siegelring

45. Das Kleid

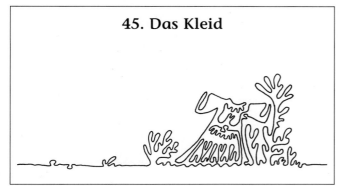

46. Die Stiefel

47. Der Hut

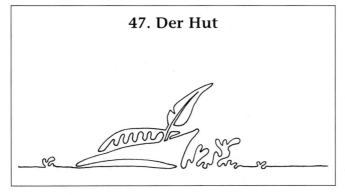

48. Der Topf

49. Die Brille

50. Schreibpapier, Feder, Tintenfass

23

Die Zahnschmerzen

Hallo, ich heiße Jack und ich habe einen Hund, der heißt Pacco. Ich und Pacco haben im Wald einen sehr alten Schlüssel gefunden. Wir haben ihn natürlich mitgenommen. Und zehn Meter weiter haben wir ein quietschendes Tor gefunden,

aber es wollte uns nicht rein lassen. Es hat gesagt: "Sucht einen alten Schlüssel und ich lasse euch durch!" Wir haben ihm den Schlüssel gezeigt, und wir durften durch.

Dann kamen wir an einem komischen Ort an, wir trafen auf einen Drachen, der mit Feuer um sich spuckte. Wir wollten erst wegrennen, aber dann fing er an zu weinen, wir waren ratlos. Dann haben ich und Pacco rausgefunden, dass der Drache Zahnschmerzen hatte. Wir haben ihm so schnell wie möglich geholfen, weil er einen Schatz* Dank wollte er uns den Schatz schenken, aber dann hätte er ja nichts mehr zu tun, also haben wir das Geschenk abgelehnt, und er hat uns nachträglich gefragt.

x bewachen musste   Also   Michael B. Klasse 4c

Alexa in einer anderen Welt!

Alexa möchte gerne länger herumbleiben. Deshalb dreht sie alle Uhren um eine Stunde zurück. Plötzlich, als sie die Uhr zurückgestellt hat, fühlt sie sich in einer anderen Welt. Sie steht vor einer großen Uhr, die sie auch erreichen kann, weil die Uhr von glitschigen Schlingpflanzen umgeben ist. Alexa denkt sich nur und geht weiter.

Plötzlich steht sie vor einer riesigen Pflanze, die gut duftet wie Wackelpudding. Sie reißt ihren ganzen Mut zusammen und probiert die Pflanze. Plötzlich kann sie durch alle hindurch sehen. Da sieht sie hinter der Pflanze einen goldenen Schlüssel. Als sie den Schlüssel berührt wird der Schlüssel ganz klein so dass sie ihn in die Tasche stecken kann, Alexa geht weiter und überlegt: "Der Schlüssel gehört in ein Schloss aber in welches Schloss?"

Plötzlich steht sie vor einem großen Tor. Sie steckt den Schlüssel ins Schlüsselloch er passt.

Plötzlich wacht sie auf und sieht, dass es nur ein Traum war. Alexa erzählt es ihren Eltern.

Ende

Sandra Voit 4c

Mein schönster Schultag

Es war so ein Tag, an dem alles schief geht. Das Meerschweinchen jagt die Katze zum Frühstück gab es Abendessen, und der Postbote biss unseren Dackel. Als ich in die Schule kam, ging es genau so verrückt weiter. Aus dem Lautsprecher dröhnte eine Stimme. Sie verkündete: "Herr Klugmann, euer Lehrer, hat Masern bekommen." Dann kam er: "Vertretung: Max Meier aus der dritten Klasse." Zuerst war ich ganz verblüfft. Dann rannte ich in mein Klassenzimmer. Dort gab es die nächste Überraschung. Brav und

ordentlich saßen da in den Bänken: Herr Hobel, der Werklehrer, Frau Flöte die Musiklehrerin, Frau Spring die Sportlehrerin, Herr Minus, der Mathelehrer, und Frau König, die Schulleiterin. Ja, wirklich! Alle Lehrer der Liboriusschule waren da! Und alle waren Schüler der dritten Klasse! Und ich bin ihr Lehrer! Also kletterte ich erst mal auf das Pult. Jetzt war ich größer als alle meine Schüler. Das gefiel mir! Ich klopfte mit dem Lineal auf das Pult. "Frau Flöte, kaust du Kaugummi?", fragte ich. "Nein", antwortete sie. Ich sah mich in der Klasse um.

Niemand kaute. ich gleich in der Kaugummi aus Schülern, wie ma "Jetzt wollen wir sehen," sagte ich. Hausaufgaben, ge die Hand. "Da w müssen, Herr Hob denn aus dir wer immer zu aufpasst Hausaufgaben ma Kopf hängen. Je Rest der Klasse

Die Flaschenpost

Ich war auf einem Strand dann bin ich ins Wasser gegangen. Und im Wasser habe ich eine Flasche gefunden. Und in der Flasche war ein Brief. Ich habe herausgefunden das das eine Karte ist, und ich bin die Karte gefolgt.

Zuerst bin ich zu einer Uhr gekommen. Die Uhr hat mir verraten wie viel Uhr es ist dann bin ich weiter gegangen.

Dann bin ich gekommen. was geschrieben Tor nimm dann musst du kämpfen.

[left box — partially cut off]
...Das musste
...teilte ich
...meinen
...lasen macht.
...den Hausaufgaben
...hat seine
...Hobel hob
...nachritzen
...ich. Was soll
...in der Schule
...deine
...Hobel ließden
...mich dem
...ersten leider

[middle box]
Stunden haben wir Zeichnen und Musik.
Mathe und Deutsch verschieben wir auf
später, wenn ihr müde seid." In der
Zeichenstunde sangen wir "Alle meine
Entchen". Leider musste ich Frau
Flöte vor die Tür schicken. Sie wollte
unbedingt nach Noten singen. In der
Musikstunde ließ ich meine Schüler
ein Bild von ihrem Lieblingsessen malen.
Frau König, die Schulleiterin belohnte
ich mit einem Beutel Murmeln. Ihr
Bild gefiel mir. Sie hatte etwas ganz
anderes gemalt, als ich verlangt hatte ein
Bild von ihrem Pferd Wirbel.

[right box]
"Kinder es hat geschellt", sagte ich
und alle ich türmten nach draußen
und liefen nachhause.

The End

Angela Italia
Klasse 4F

[left box — partially cut off]
...Schlüssel
...stand
...einem
...mit
...Drachen

[middle box]
Ich bin zum Tor gegangen
und ich habe das Tor aufgemacht.

[right box]
und ich habe gegen den Drachen
gekämpft. Der Drache hat Feuer gemacht
aber ich es habe gewonnen ich in fach
den Drachen und ich war ein Held und
ich war reich. Und ich habe ein Schloss
gerettet.

Johann Bolz Kann 4e

Die Flaschenpost

Ich war ein Ritter. Ich war auf einen Strand und habe im Wasser eine Flasche gefunden. Und in der Flasche war ein Brief drin. Ich hab herausgefunden, das das eine Karte ist, und ich bin die Karte gefolgt.

Ich bin durch ein Tor gegangen und bin durch einen Wald gegangen. Da waren ganz viele Bäume sie haben mir gesagt das hinter den Wald ein Drache ist. Sie haben mich gewarnt.

Aber ich bin ... Drachen. Ich ... Er hat Feuer ... starke. Aber ... gewonnen u... reich...

Eru...

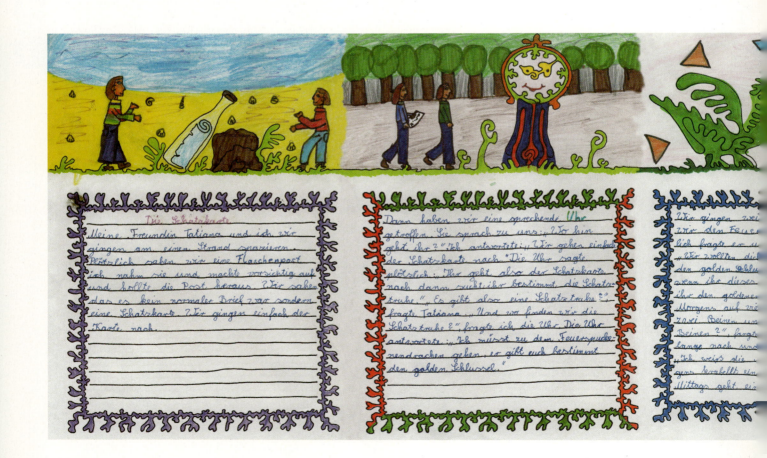

Die Schatzkarte

Meine Freundin Tatiana und ich, wir gingen an einem Strand spazieren. Plötzlich sahen wir eine Flaschenpost ich nahm sie und machte vorsichtig auf und holte die Post heraus. Wir sahen das es kein normaler Brief war sondern eine Schatzkarte. Wir gingen einfach der Karte nach.

Dann haben wir eine sprechende Uhr getroffen. Sie sprach zu uns: "Wo hin geht ihr?" Ich antwortete: "Wir gehen einfach der Schatzkarte nach." Die Uhr sagte plötzlich: "Ihr geht also der Schatzkarte nach dann sucht ihr bestimmt die Schatztruhe." "Es gibt also eine Schatztruhe?" fragte Tatiana. "Und wo finden wir die Schatztruhe?", fragte ich die Uhr. Die Uhr antwortete: "Ihr müsst zu dem Feuerspuckenden Drachen gehen, er gibt euch bestimmt den goldenen Schlüssel."

Wir gingen wei... wir den Feuer... lich fragte er u... "Wir wollten di... den golden Schlü... wenn ihr diese... ihr den goldenen... Morgens auf zw... zwei Beinen, am... Beinen?", fragt... lange nach und... "Ich weiß es... ganz krabbelt ... Mittags geht ein...

75

Die Schatzkiste

Ich habe eine Flasche gefunden und ich machte sie auf. Da sehe ich eine Schatzkarte. Plötzlich spricht die Flasche zu mir: Gehe zur Uhr, die hilft dir weiter.

Die Uhr sagt: Gehe zum Drachen er hilft dir weiter. Also ging ich weiter.

Ich habe ... Der Drachen eine Frage richtig. Ob ... drauß ... krie... Er führt dir ... du die Frag... dann schon... Feuer. Seh... Frage: Wah... hüten Da... Der Drache ... gemacht ... ein schluck ...

Tatiana

Burt

Es war einmal ein armer Junge, der allein ... war und keine Eltern hatte. Eines Tages ging Rudolf hinaus aufs Feld. Er ging und ging. Dann sah er mitten im Feld eine Uhr. Eine große Uhr. Die Uhr war so groß wie Rudolf. Er dachte: „Warum steht die Uhr mitten im Feld?" Als es zehn nach zehn war, gab es einen lauten Knall. Plötzlich stand vor Rudolf ein kleiner hässlicher Drache.

* Er hieß Rudolf.

Der Drache sah wirklich nicht gerade schön aus. Rudolf dachte er wäre böse. Aber der Drache war mehr traurig und machte ganz komische Geräusche. Rudolf hatte ein bisschen Angst. Aber er fragte den Drachen warum er traurig sei. Der Drache sagte: „Ich bin Aufpasser der Uhr und erscheine immer um zehn nach zehn. Und alle sagen ich bin hässlich." „Ach so," sagte Rudolf und warum ist die Uhr mitten im Feld? „Das sage ich dir nur wenn du mir hilfst, nicht so hässlich zu sein", sagte der Drache.

Okay sagte ... mich schon... ne, du kann... wegen deine... Du musst die... nicht denken... siehst... Der Drache... führ die Uhr... erzählte,... in der Uhr... zu einem... in die Uhr... damit man... suchen...

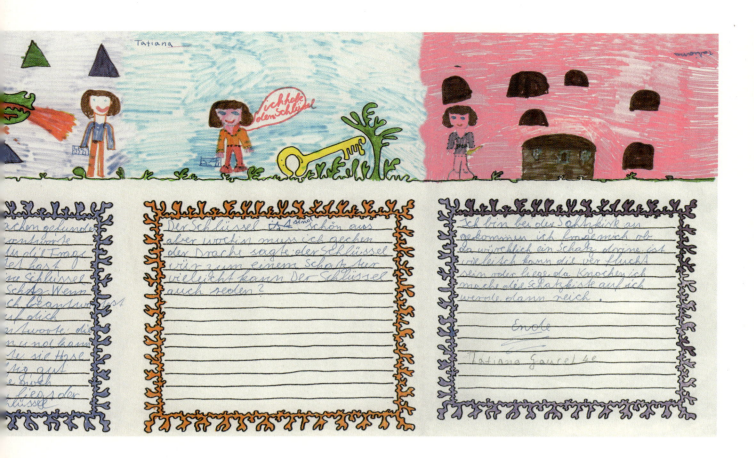

Der Schlüssel ist einer schön aus
aber wohin muss ich gehen
der Drache sagte: der Schlüssel
rüt zum einem Schatz her
vielleicht kann Der Schlüssel
auch reden?

Ich bin bei der Schatzkiste an
gekommen ich frage mich ob
da wirklich ein Schatz drine ist
vielleicht kann die verflucht
sein oder liege da Knochen ich
mache die Schatzkiste auf ich
werde dann reich.

Ende

Tatiana Gaurel 4e

12 Uhr Abends hinein gehen. "Ja
dann lass uns rein gehen, sagte
Rudolf. "Ich möchte wissen, was
in dem Tor ist", "Okay, ich
komme mit", sagte der Drache. "Du
brauchst mich bestimmt." "Ja dann
lass uns den golden Schlüssel suchen"
sagte Rudolf. Die beiden mussten noch
warten bis es 12 Uhr war. Aber dann
sprangen sie in die große Uhr. Wie mit
Zauberei waren die zwei weg und die
Uhr war auch weg. "Ja! Buck!", sagte
Rudolf. "Da ist der goldene
Schlüssel!" "Schaut ihr", sagte
Rudolf. Sie suchen das Tor, aber

sie wissen nicht, wo das richtige Tor
ist, denn es gibt so viele Tore.
Dieser hier ist aus Stein. Komm,
tu den Schlüssel hinein", sagte
Rudolf. Der Drache tut den Schlüssel
hinein. "Er passt!" schrie Rudolf
und hinter dem Tor war nur ein
Schwert. Es macht dich mächtig, das
Schwert" sagte der Drache. Und die
beiden flogen aus der Uhr
heraus und Rudolf war sehr
mächtig.
Ende
Natalie
Neuhoff
Kl. 4e

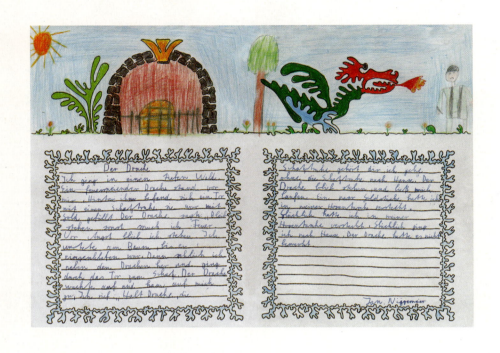

Der Drache

Ich ging in einen tiefen Wald. Ein feuerspeiender Drache stand vor mir. Hinter ihm befand sich ein Tor mit einem Schaftrahe, sie war mit Gold gefüllt. Der Drache sagte: "Bleib stehen sonst mach ich Feuer vor dir." Brav blieb ich stehen. Ich wartete am Baum, bis er eingeschlafen war. Dann schlich ich neben dem Drachen her und ging durch das Tor zum Schaf. Der Drache wachte auf und kam auf mich zu. Ich rief: "Halt Drache, die

Schaftruhe gehört dir ich gehe ohne die Schaftruhe nach Hause." Der Drache blieb stehen und ließ mich laufen. Ein paar Goldstücke hatte ich in meiner Hosentasche versteckt. Glücklich hatte ich in meiner Hosentasche versteckt. Glücklich ging ich nach Hause. Der Drache hatte es nicht bemerkt.

Jan Niggemeier

Die Schatzinsel

Eines Tages fand ein Junge mit seinen Freunden eine Schatzkarte. Auf der Karte war eine Insel zu sehen. Sie fuhren mit einem Boot zu der Insel und folgten der Karte.

MARCO FIDORRA

Schließlich kamen sie zu einem Drachen. Der Drache versuchte die Jungen mit Feuer zu töten. Der Drache dachte sich, wieso soll ich böse sein wenn ich lieb sein kann. Dann beschloss er mit ihnen zu gehen.

Sie kamen in eine Höhle und sahen wilde Tiere. Die Höhle war traumvoll. Viele Fledermäuse flogen um die Jungen herum. Der Drache fürchtete sich. Sie entdeckten einen Schatz. Die Jungen waren für immer und ewig glücklich.

Kreative Unterrichtsgestaltung!

Michael Schlender
Drubbel-ABC
Buchstaben- und Zahlenbilder
zum Ausmalen und Gestalten
Mit 69 Kopiervorlagen
80 S., DIN A4, kart.   Best.-Nr. **2973**

Alle Buchstaben des Alphabets, dazu-
gehörige Anlautbilder und die Zahlen
von 0 bis 9 als Motive zum Entdecken,
individuellen Kolorieren und kreativen
Ausgestalten. Die Schrift- und Zahlen-
zeichen werden neu erfahren!

Helmut Wilimsky
Aufsatztraining spezial
Üben mit Gestaltungselementen
80 S., DIN A4, kart.   Best.-Nr. **2328**

Einübung der vier wichtigen Aufsatzfor-
men der Grundschule (Bildgeschichte,
Erlebniserzählung, Reizwortgeschichte
und Nacherzählung) anhand vieler ein-
deutiger Erkennungsmerkmale.
Die Materialien unterstützen differen-
zierende Maßnahmen und individuelle
Fördermöglichkeiten.

Thomas Trautmann
Mit Sprache spielen
Angebote für den Deutschunterricht
von A bis Z
172 S., DIN A4, kart.   Best.-Nr. **3439**

Schluss mit der Sucherei! Dieser Band
vereint über 60 Sprachspiele von A bis Z
für alle Gelegenheiten im Deutschunterricht der Grundschule und Sekundar-
stufe I zum Erarbeiten und Üben, zum
Variieren und Auflockern des Unter-
richtsstoffes. Die Geschichten, Spiele
und Sprachexperimente helfen den
Schülerinnen und Schülern, selbststän-
dig den Rätseln der Sprache auf die
Spur zu kommen – mündlich und
schriftlich. Ideal für handlungs- und
produktionsorientierten Unterricht oder
sinnvolle Vertretungsstunden.

◀ Franz Xaver Riedl/Alfons Schweiggert
Kreativer Aufsatzunterricht
Erzählen – Spielen – Schreiben
in der 3. und 4. Jahrgangsstufe
Mit 170 Kopiervorlagen
208 S., DIN A4, kart.   Best.-Nr. **3513**

Die Arbeitsblätter der 26 Unterrichtseinheiten sind originell illustriert und bieten kindgemäße
und lustbetonte Schreibanlässe für ein kreatives und gestaltendes Schreiben. Ein kurzer didak-
tisch-methodischer Vorspann skizziert knapp die Aufgaben, Ziele und Durchführung jeder Unter-
richtseinheit. Arbeitsblätter einfach kopieren und mit dem Schreiben loslegen: So gelingt Ihnen
leicht ein abwechslungsreicher und motivierender Deutschunterricht!

Auer BESTELLCOUPON Auer

Ja, bitte senden Sie mir/uns

_____ Expl. Michael Schlender
     Drubbel-ABC   Best.-Nr. **2973**

_____ Expl. Helmut Wilimsky
     Aufsatztraining spezial   Best.-Nr. **2328**

_____ Expl. Thomas Trautmann
     Mit Sprache spielen   Best.-Nr. **3439**

_____ Expl. Franz Xaver Riedl/Alfons Schweiggert
     Kreativer Aufsatzunterricht Best.-Nr. **3513**

mit Rechnung zu.

❏ Bitte senden Sie mir unverbindlich und kostenlos den
   aktuellen Gesamtkatalog zu.

**Rund um die Uhr
bequem bestellen!**
Telefon: 01 80 / 5 34 36 17
Fax: 09 06 / 7 31 78
E-Mail: info@auer-verlag.de

Bitte kopieren und einsenden an:

**Auer Versandbuchhandlung
Postfach 11 52
86601 Donauwörth**

Meine Anschrift lautet:

_____
Name/Vorname

_____
Straße

_____
PLZ/Ort

_____
Datum/Unterschrift

_____
E-Mail

Kopiervorlagen und Materialien für Ihren Unterricht!

Praxisorientiert und aktuell: Materialien von Auer!

Spaß und Fantasie im Deutschunterricht!

Erika Altenburg

Offene Schreibanlässe

Jedes Kind findet sein Thema

140 S., kart. Best.-Nr. **2641**

Mit offenen Schreibanlässen gibt man jedem Kind die Freiheit, eigene Schreibideen zu verwirklichen. Wenn die Textsorte nicht festgelegt wird, entstehen vielseitige Textvarianten. Gelungene Texte zu erkennen ist hier wichtiger als zu kritisieren! Schreiberziehung anstelle von Aufsatzerziehung ist das Motto dieses Buches!

Edelgard Moers / Stefanie Zühlke

Schreibwerkstatt Grundschule

Möglichkeiten zum freien, kreativen, assoziativen, produktiven und kommunikativen Schreiben

160 S., kart. Best.-Nr. **3079**

Kreatives Schreiben statt langweiliger Aufsätze! In dem hier vorgestellten projektorientierten Unterricht einer Schreibwerkstatt entstehen ganz von selbst viele Situationen für natürliche Schreibanlässe, die die Schreibmotivation fördern. Die Autorinnen zeigen vielfältige Möglichkeiten und Beispiele auf, wie man bereits in der Grundschule selbstbestimmtes Schreibenlernen fördern kann.

Claus Claussen

Erzähl' mal was!

Materialien für das mündliche Erzählen in der Grundschule

112 S., DIN A4, kart. Best.-Nr. **3154**

Fördern Sie mit Fantasie und Kreativität die Erzählkultur und die Sprachentwicklung der Kinder! Mit den praxiserprobten Materialien und Methoden erhalten Lehrerinnen und Lehrer vielfältige Möglichkeiten, um Kindern im Grundschulalter Einstiege in Erzählsituationen und ins Geschichtenerzählen zu vermitteln.

> „Eine Fundgrube zur Anregung der Fantasie! Es sollte in jeder Lehrerbücherei zur Hand sein." (Sigrun Beck)

Franz Xaver Riedl

Meine Aufsatz-Rezepte

Kopiervorlagen

3. Jahrgangsstufe
280 S., DIN A4, kart. Best.-Nr. **2094**

4. Jahrgangsstufe
304 S., DIN A4, kart. Best.-Nr. **2466**

Stundenbilder mit Kopiervorlagen für Arbeitsblätter und Folien, die vielfältige Anregungen für einen bunten und lebendigen Aufsatzunterricht bieten.

⚊ Auer B E S T E L L C O U P O N ⚊ Auer

Ja, bitte senden Sie mir/uns

_____ Expl. Erika Altenburg
Offene Schreibanlässe Best.-Nr. **2641**

_____ Expl. Edelgard Moers/Stefanie Zühlke
Schreibwerkstatt Grundschule Best.-Nr. **3079**

_____ Expl. Claus Claussen
Erzähl' mal was! Best.-Nr. **3154**

Franz Xaver Riedl
Meine Aufsatzrezepte
_____ Expl. **3. Jahrgangsstufe** Best.-Nr. **2094**

_____ Expl. **4. Jahrgangsstufe** Best.-Nr. **2466**

mit Rechnung zu.

❑ Bitte senden Sie mir unverbindlich und kostenlos den aktuellen Gesamtkatalog zu.

Bitte kopieren und einsenden an:

**Auer Versandbuchhandlung
Postfach 11 52
86601 Donauwörth**

Meine Anschrift lautet:

_____
Name/Vorname

_____
Straße

_____
PLZ/Ort

_____
Datum/Unterschrift

_____
E-Mail

Rund um die Uhr bequem bestellen!
Telefon: 01 80 / 5 34 36 17
Fax: 09 06 / 7 31 78
E-Mail: info@auer-verlag.de